LEGO

JURASSIC WORLD

DINO-ABENTEUER

Text von
Catherine Saunders

INHALT

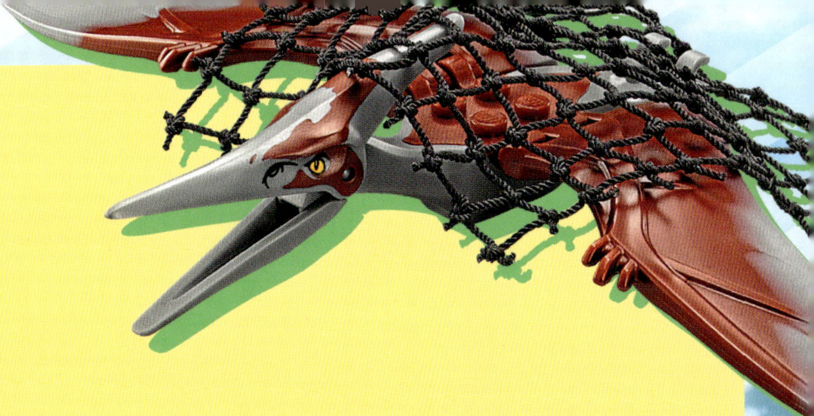

WILLKOMMEN

Dinosaurier sind faszinierend – wie sie aussahen, sich bewegten, was sie fraßen. Stell dir vor, du könntest Dinos in einem Vergnügungspark sehen. Das wäre doch genial! Vielleicht auch ein bisschen unheimlich, aber natürlich müsste der Park absolut sicher sein. Das wäre aufregend, oder? Lies weiter, um mehr über Jurassic Park und den Nachfolger Jurassic World zu erfahren …

DINO-DATEN

Wer, was, wo, wann?

Die Erde ist so richtig alt. Sie bildete sich vor 4,6 Milliarden Jahren, und die ersten Dinosaurier erschienen vor über 230 Millionen Jahren im Mesozoikum. Menschen sind dagegen richtige Babys. Uns gibt es erst mickrige 200 000 Jahre lang!

Im Mesozoikum gab es drei Zeitabschnitte –

Trias, Jura und Kreide.

Über Dinosaurier wissen wir das meiste durch Fossilien – Knochen, Zähne oder Spuren (wie Fußabdrücke), die versteinert erhalten blieben.

Dino-Fossilien fand man auf der ganzen Welt, sogar in der Antarktis.

Dinosaurier sind oft nach ihrem **Entdecker** benannt, dem **Ort**, an dem man sie fand, oder einem **Merkmal**, etwa dem Horn.

Forscher entdeckten bisher über

1500

verschiedene Dinosaurierarten und finden durchschnittlich **alle paar Wochen** einen neuen!

Manche Dinosaurier waren winzig. **Andere**

gigantisch.

Manche Dinosaurier waren **Fleischfresser**, manche **Pflanzenfresser** und manche **Allesfresser**.

JURASSIC PARK

Alle Dinosaurier, die sich nicht zu Vögeln entwickelten, starben vor Millionen von Jahren aus. Aber der Geschäftsmann John Hammond gibt ihnen eine zweite Chance. Er lässt die Dinos neu erschaffen. Hammond will sie in einem Vergnügungspark ausstellen. **Willkommen im Jurassic Park!**

JURASSIC
PARK
DAS IST DAS
TOLLSTE, WAS
IHR JE SEHEN
WERDET!

JOHN HAMMOND

Besitzer und Schöpfer von Jurassic Park

John Hammond ist ein erfolgreicher Geschäftsmann und hat viele Projekte, die ihn interessieren. Er besitzt auf der ganzen Welt Tierparks, doch Jurassic Park ist seine kühnste Idee. Er hofft, dass sie funktioniert!

IHR WERDET STAUNEN, WAS WIR GESCHAFFEN HABEN!

Hammond in Urwald-Expeditions-Ausstattung

Experten-Meinung

Hammond führt den Park vor der Eröffnung auch Dr. Alan Grant und Dr. Ellie Sattler vor. Er hofft, dass den Experten der Park gefällt.

Großvater

Hammond lädt seine Enkel Tim und Lex Murphy vor der Eröffnung in den Park ein. Er will ihnen einen ersten Eindruck bieten!

Feine Speisen

Hammond erwartet in allen Lebensbereichen nur das Beste. Im Park hat er einen Speisesaal, wo Spitzenköche sein Lieblingsessen auftischen.

Noch ein Experte

Der Mathematiker Dr. Ian Malcolm wird auch eingeladen. Malcolm ist dagegen, in heutigen Zeiten Dinos zu erschaffen. Hammond glaubt, er irrt sich!

FIGUREN

John Hammond will seinen Jurassic Park vorführen, ehe er richtig öffnet. Seine Enkel und die geladenen Experten sind eingetroffen. Hammond hofft, seine fähigen, vertrauenswürdigen Mitarbeiter sorgen dafür, dass alles glatt läuft. Es kann bestimmt nichts schiefgehen …

DR. ALAN GRANT

Beruf: Paläontologe

Experte für: Fossilien und alles über Dinosaurier

Mag: Dinosaurier-Bücher schreiben, seinen Hut

DR. ELLIE SATTLER

Beruf: Paläobotanikerin

Expertin für: Pflanzenfossilien. Die sind toll!

Würde: Eine Pflanze sehen, aber nicht den Dino dahinter …

DR. IAN MALCOLM

Beruf: Mathematiker

Experte für: Chaostheorie, Muster, Besserwisserei

Glaubt: Menschen können Dinosaurier nicht beherrschen.

DR. HENRY WU

Beruf: Forschungsleiter im Park

Erschafft: Die Dinosaurier in einem Hightech-Labor

Mag: Kaffee, Gefahren fröhlich ignorieren, Experiment-Erfolge

DENNIS NEDRY

Beruf: Programmierer

Wird wohl: Dino-DNS stehlen, unabsichtlich Dinos freisetzen

Wird wohl kaum: Sich mit einem *Dilophosaurus* anfreunden

TIM MURPHY

Alter: 8

Mag: Dinosaurier, Dr. Alan Grants Bücher lesen

Mag nicht: Vom *T. Rex* oder *Raptoren* gejagt werden

LEX MURPHY

Alter: 12

Kann: Computer benutzen, reparieren oder hacken

Mag: Vegetarisches Essen, ihren Großvater besuchen

EXPERTEN-RAT

Tim Murphy stellt Dr. Alan Grant wichtige Fragen:

Was waren Dinosaurier und wie bewegten sie sich?

Was war der größte Dinosaurier?

Woher wissen Sie so viel über Dinosaurier?

Was geschah mit den Dinosauriern?

Dinosaurier waren Reptilien wie Echsen, Krokodile und Schlangen. Manche gingen auf zwei Beinen, andere auf vier. Manche Dinosaurier waren gute Schwimmer, während andere Flügel zum Fliegen hatten.

Man könnte meinen, es wäre der *T. Rex*, doch der *Argentinosaurus* war viel größer. Er war bis zu 40 m lang – über dreimal länger als ein *T. Rex*. Er war Pflanzenfresser und bewegte sich auf vier Beinen.

Paläontologen wie ich erforschen Fossilien. Das sind nicht nur Knochen – manche zeigen Haut und Muskeln. Vögel sind lebende Dinosaurier, darum ahnen wir, wie manche Dinosaurier aussahen und sich verhielten.

Alle Dinosaurier, die keine Vögel wurden, starben vor etwa 66 Millionen Jahren aus. Forscher glauben, ein Riesenasteroid hätte ein Artensterben verursacht, bei dem diese Dinosaurier verschwanden.

Ein *T. Rex* hatte etwa 60 spitze, knochenzermalmende Zähne. Manche waren 30 cm lang.

Mampf!

Für diesen Fleischfresser waren kleine Dinosaurier ein Happen!

Schluck!

Der *T. Rex* lebte in den heutigen

USA
und
Kanada.

TYRANNOSAURUS REX

Heißt übersetzt: König der Echsen

Graah! Der *Tyrannosaurus Rex (T. Rex)* war ein schreckliches Raubtier. Durch seine überragende Sinneswahrnehmung wurde er zu einem der gefährlichsten Tiere überhaupt. Das mächtige Wesen konnte einen riesigen *Triceratops* frühstücken!

Ein *T. Rex* kann eine Hüfthöhe von bis zu 4 m erreichen! Die weltweite Durchschnittsgröße von Männern liegt bei nur 1,71 m.

DR. WUS DINOSAURIER

Der weibliche *T. Rex* von Jurassic Park ist mit 13,5 m etwas länger als die echte Version und wiegt über 8400 kg. Er ist mäßig intelligent, läuft 52 km/h schnell und ist 5,2 m hoch.

DINO-FAKTEN

Länge

13 m

Gewicht

7000 kg

Geschwindigkeit

bis zu 32 km/h

Intelligenz

Ziemlich klug, aber nicht der schlaueste Dino

EINEN T. REX FANGEN

Den Riesen von Jurassic Park überlisten

Der *T. Rex* ist groß, wild und tatsächlich ziemlich schlau. Er sollte auf gar keinen Fall ausbrechen! Wenn er jedoch entkommt, lässt er sich mit Einfallsreichtum und der richtigen Ausrüstung einfangen. Man braucht dazu allerdings auch etwas Mut!

1

Bereite den Dino-Käfig vor, in den der *T. Rex* kommt.

2

Suche den *T. Rex* auf einem Motorrad und mach ihn auf dich aufmerksam. Fahre schnell zum Käfig.

3

Ziele am Käfig mit dem Fallen-Shooter auf das Bein des *T. Rex*.

4

Führe den *T. Rex* in den Käfig. GUT GEMACHT!

VELOCIRAPTOR

Heißt übersetzt: Schneller Räuber

Mit hoher Intelligenz und scharfen Klauen bewegte sich der *Velociraptor* vor 71-75 Millionen Jahren schnell auf zwei Beinen fort – auf der Jagd nach Echsen, Säugetieren und anderen Dinosauriern!

Ein langer, versteifter Schwanz half dem *Velociraptor* beim Steuern.

Der *Velociraptor* war eine Art entfernter Cousin der Vögel und legte seine Eier auch in Nester.

DINO-FAKTEN

Länge

2 m

Gewicht

15 kg

Geschwindigkeit

bis zu 40 km/h

Intelligenz

Der *Velociraptor* war einer der klügsten Dinos.

Der *Velociraptor* war langsamer, als du denkst. Eine Katze könnte ihm davonlaufen!

DR. WUS DINOSAURIER

Dr. Wu erschafft für Jurassic World einen *Raptor,* der fast 20 % größer als die *Raptoren* in Jurassic Park ist – und beinahe doppelt so lang und über 13-mal schwerer als ein echter *Raptor*!

Der *Velociraptor* hatte einen schmalen Kiefer mit etwa

60

messerscharfen Zähnen.

FETZ! Riesige, scharfe Klauen an Fingern und Zehen waren bis zu 9cm lang.

Hochgeheim!

Das Kühlgerät enthält Dinosaurier-DNS und Embryos. Geraten diese Materialien in die falschen Hände, könnte jeder Dinosaurier erschaffen!

SCHIIIEB!

Der *Raptor* darf nicht rein!

Der Computer steuert die Stromversorgung des Parks. Wenn Lex ihn knackt, kann sie den Strom anschalten und einen Notruf absetzen.

DER KONTROLLRAUM

Jurassic Parks Zentrale

Im Park ist der Strom ausgefallen, und die *Velociraptoren* sind frei! Am besten ist man da im Computer-Kontrollraum mit seinen starken Wänden und der abschließbaren Tür. Alan, Ellie, Lex und Tim sind dort sicher. Oder?!

Jeder muss mithelfen!

DIE LEGENDE DER ISLA NUBLAR

Okay, also bei Jurassic Park ist nicht alles blendend gelaufen. Aber ein Vergnügungspark mit Dinosauriern ist trotzdem eine KLASSE Idee! Der neue Besitzer Simon Masrani hat größere Dinos, tollere Attraktionen und ein Spitzenteam. Seine Assistentin Claire Dearing ist klug und gut organisiert. Owen Grady trainiert die Raptoren. **Auf nach Jurassic World!**

ACHTET NICHT AUF MICH! ICH BIN HIER NUR DER SCHURKE ...

CLAIRE DEARING

Fleißige Assistentin

Claire fing nach dem Studium als Praktikantin bei Jurassic World an. Sie beeindruckte Simon Masrani, den Chef des Parks, mit ihrem Geschick in heiklen Situationen. Claire ist fleißig und will eines Tages den Park leiten. Sie hat's echt drauf!

Claire war schon als Kind tierlieb.

Viele Aufgaben

Claire sorgt dafür, dass die Dinos sicher und die Besucher zufrieden sind. Sie hilft sogar im Labor. Claire liebt ihren Job!

Tolle neue Idee!

Simon hat ständig neue Ideen für den Park – von irren Fahrgeschäften bis hin zur 58-km-Safari. Claire kann kaum mit ihm mithalten!

Dino-Freundin

Claire weiß, dass die Dinosaurier die Stars des Parks sind. Sie verbringt gern Zeit mit Baby-*Raptoren* und sieht beim Training zu.

Teamarbeit

Claire arbeitet oft mit ihrem Kollegen Owen. Sie sind sich häufig nicht einig, wie man am besten vorgeht, aber irgendwie kriegen sie es hin!

FIGUREN

Das Leben bei Jurassic World ist nie langweilig! Es gibt spannende Fahrzeuge, tolle Attraktionen und natürlich supercoole Dinosaurier. Aber die Dinge laufen oft nicht nach Plan. Lerne die Leute kennen, die ständig irre Abenteuer erleben.

HUDSON HARPER

Alter: 7

Wird wohl: Weglaufen und von einem Dino geschnappt

Wird wohl erst recht: In einen Geheimplan verwickelt

HUND RED

Aufgabe: Owens treuer Gefährte

Mag: Owen natürlich. Sie kennen sich lange.

Talente: Owen helfen, *Dilophosaurier* zusammenzutreiben

DR. ALLISON MILES

Beruf: Dr. Wus Assistentin

Mag: Dinosaurier, DNS, das Richtige tun (letztlich)

Mag nicht: Dass Dr. Wu ihre Arbeit aus Versehen löscht

SIMON MASRANI

Beruf: Milliardär und Parkbesitzer

Wird wohl: Sich geniale (irre) Ideen ausdenken

Wird wohl kaum: Sich sorgen, ein „Nein" akzeptieren

ACU-RANGER

Beruf: Dino-Hüter

Das heißt: Aufpassen, dass die Dinos eingesperrt bleiben.

Er muss: Besucher beschützen, Dinos einfangen

VIC HOSKINS

Beruf: Sicherheitschef im Park

Wird wohl: Alles schocken wollen, was ihm im Weg ist

Hochgeheim: Victor hat Angst vor Dinos und Insekten.

PARK-MITARBEITER

Beruf: Popcorn-Verkäufer

Wird wohl: Von einem entkommenen Dino gejagt

Wird wohl kaum: Morgen wieder zur Arbeit kommen

MARKTSTAND

Süßes und Mitbringsel für jeden Dino-Fan

Jurassic World hat alles, was sich Dino-Fans wünschen. Hudson Harper findet das großartig! Doch die Park-Angestellte hat da vielleicht was bemerkt …

KLAR! ÄH, WAS IST DAS DA DRÜBEN?
COMING SOON

Seine oberen beiden Hörner waren bis zu 1 m lang, und die knochige Halskrause genauso breit.

DR. WUS DINOSAURIER

Jurassic Worlds *Triceratops*-Dinos sind etwas kleiner als ihre echten Vorbilder, etwa 8,9 m lang. Dr. Wus Dinos wiegen mit 9072 kg auch mehr und sind weniger intelligent.

Der große Papageien-

SCHNABEL

half dem *Triceratops*, zähe Pflanzen zu fressen. 800 kleine Zähne wuchsen in sogenannten Batterien.

TRICERATOPS

Heißt übersetzt: Dreihorngesicht

Dieser riesige Pflanzenfresser lebte vor etwa 70 Millionen Jahren auf dem Gebiet der heutigen USA und Kanada. Den *Triceratops* erkennt man leicht an der großen, knochigen Halskrause und seinen drei Hörnern.

HINTER DIR!

Fossilien zeigen: Der *T. Rex* jagte den *Triceratops*.

DINO-FAKTEN

Länge

9 m

Gewicht

8000 kg

Geschwindigkeit

bis zu 40 km/h

Intelligenz

Der *Triceratops* war durchschnittlich intelligent.

Der *Triceratops* war bis zu 9 m lang. Das ist länger als ein Müllauto! Aber wahrscheinlich roch er besser.

EIERSCHALEN-KARUSSELL

Fahr eine Runde im „Quirl“!

Dieses Karussell ist ein ei-maliges Erlebnis! Nimm in einem Riesen-Dino-Ei Platz und halt dich fest. Wenn es sich dreht, weißt du bald, warum man es den „Quirl“ nennt! Es ist für Kinder, doch Erwachsene lieben es auch.

Tut mir leid – nur für Menschen!

Draußen bleiben!

Das Karussell wird von einem Elektrozaun geschützt, der neugierige Dinos fernhält. Dr. Miles winkt dem *Triceratops*, der davon etwas verwirrt zu sein scheint!

Es ähnelt den Inkubatoren im Hammond-Entwicklungslabor.

IM KREIS
Das Karussell dreht sich so schnell, dass vom Eisverzehr abgeraten wird. Hier hat wohl bald jemand eine Waffel auf …

OWEN GRADY

Verhaltensforscher und Dino-Trainer

Owen Grady steckt gern mitten im Getümmel. Er war bei der US Navy und kann gut Sachen bauen oder reparieren. Er liebt Tiere und stellt mühelos eine Verbindung zu Dinosauriern her. Aber mit Menschen ist es schwieriger!

Owen hat Behälter mit Dino-Leckerli dabei.

Hoch hinaus

Owen fährt meistens Motorrad, aber er kann auch Flugzeuge und Geländewagen steuern. *Raptor* Delta kommt gern mit auf den Ausflug!

Keine Angst

Owen fühlt sich mit Tieren wohl. Sogar ein großer, wütender *Baryonyx* macht ihm keine Angst. Owen schätzt, dass der Dino einfach Hunger hat.

Perfektes Paar?

Owen möchte es zwar nicht zugeben, aber er mag Claire. Sie streiten oft, erleben aber trotzdem tolle Abenteuer zusammen.

Dino-Trainer

Niemand dachte, man könne *Raptoren* trainieren, bis Owen kam! Die Baby-*Raptoren* hören auf die Befehle des Dinosaurier-Trainers.

STAMMBAUM

Süß, neugierig und etwas frech

Die *Velociraptoren* haben Owen als ihren Alpha (Anführer) akzeptiert und folgen seinen Befehlen. Na ja, meistens. Sie sind noch klein und machen nicht immer, was sie sollen. Aber ach, wie süß sie sind!

Blue

Blue ist die Beta (zweite Anführerin). Sie ist der älteste und klügste *Raptor* und liebt Owen.

Delta steht gleich nach Blue in der Rangfolge. Sie stärkt Blue, wenn es nötig ist.

Delta

Der dritte *Raptor* Echo wäre am liebsten Anführerin. Darum rangelt sie manchmal mit Blue.

Echo

Charlie

Der jüngste *Raptor* folgt dem Vorbild ihrer Schwestern. Meistens zumindest.

Der *Baryonyx* fraß nicht nur Fisch, sondern auch andere Dinos wie *Iguanodons*.

Der *Baryonyx* war ziemlich schwer. Er wog so viel wie acht Alligatoren!

SCHNAPP!

Der lange Kiefer des *Baryonyx* enthielt 96 spitze Zähne.

Seine Daumenklaue war bis zu 31 cm lang.

DR. WUS DINOSAURIER

Der *Baryonyx* von Jurassic World ist mit seinen 9,3 m etwas kleiner als die echte Version. Dr. Wus Dino wiegt mit 1710 kg auch weniger und ist nur mittelmäßig intelligent.

BARYONYX

Heißt übersetzt: Schwere Klaue

Der *Baryonyx* ist verwandt mit dem

RIESIGEN

Raubsaurier *Spinosauros.*

Happs! Der *Baryonyx* schnappte mit seinem krokodilartigen Kiefer nach Fischen. Er hatte auch eine große Daumenklaue, mit der er Fische packte und durchbohrte.

DINO-FAKTEN

Länge

10 m

Gewicht

2000 kg

Geschwindigkeit

bis zu 32 km/h

Intelligenz

Fast der Beste, aber nicht ganz

SCHATZSUCHE

Schlechte Menschen tun schlechte Dinge (und zwar schlecht)

Danny Nedermeyer arbeitet bei Jurassic World als Techniker. Insgeheim will er den Park ruinieren! Der Abenteurer Sinjin Prescott hilft Danny. Er wurde angeheuert, um einen Schatz aufzuspüren. Danny will ihn verhökern, um einen besseren Park zu bauen!

Schatzsucher

Sinjin Prescott sucht auf der Isla Nublar nach dem verlorenen Schatz von Käpt'n Ohne-Bart. Es ist ihm egal, wem er gehört – es ist einfach ein tolles Abenteuer!

Familiengeheimnis

Danny Nedermeyers Onkel Dennis Nedry stürzte den ursprünglichen Jurassic Park ins Chaos. Danny führt das (schlimme) Werk fort.

So dicht dran!

Dennis Nedry ließ die Spur zum Schatz auf einem alten Videoband zurück. Danny muss es ansehen, bevor ihn der *Baryonyx* erwischt.

Sinjin trägt immer einen Rucksack mit Notfall-Snacks.
HE! WO IST MEIN HUT? DER IST WICHTIG.
ICH KAUF DIR EINEN NEUEN MIT DEM SCHATZ!
Danny trägt sein liebstes Hawaiihemd.

Owen ist ein guter Pilot. Er fliegt oder fährt alles!

Wenn Owen nah genug kommt, kann Sinjin die Kette packen.

Verfolgt

Sinjin hat sich in eine missliche Lage gebracht. Ein Teil seiner Schatzkarte fehlt, und er hat sich völlig verirrt. Jetzt verfolgt ihn ein *Raptor*! Sinjin hatte schon viele gefährliche Abenteuer, doch er musste noch nie vor einem Dinosaurier fliehen!

Owen kann Sinjin unter den Bäumen kaum sehen!

RETTUNGSMISSION

Guter rettet Bösen

Sinjin Prescott hat sich im Dschungel der Isla Nublar verirrt. Zum Glück ist Owen Grady unterwegs, um ihn zu retten. Aber erreicht Owen Sinjin vor dem entwischten *Raptor*? Und merkt Owen, was Sinjin wirklich Durchtriebenes vorhat?

Der *Raptor* ist schnell. Und hungrig!

Das Juwel funkelt im Licht – vielleicht sieht Owen es!

Dieser hervorragende Läufer war einer der schnellsten Dinosaurier, etwa so

schnell

wie ein Rennpferd!

Obwohl bei einem *Gallimimus* noch keine Federn gefunden wurden, war er wohl davon bedeckt wie andere Mitglieder seiner Familie.

Der *Gallimimus* war doppelt so groß wie ein Erwachsener.

***Der Gallimimus* wog etwa so viel wie**

50

große Hühner!

GALLIMIMUS

Heißt übersetzt: Hühnernachahmer

Der *Gallimimus* gehörte zu einer Gruppe Dinosaurier namens Ornithomimosauria, die alle ein wenig wie ein Vogel Strauß aussahen. Dieser große Allesfresser war sehr viel größer und schneller als ein Hühnchen!

Langer Hals, lange Beine und ein kleiner Kopf mit zahnlosem Schnabel wie bei einem Vogel Strauß.

DINO-FAKTEN

Länge

6 m

Gewicht

250 kg

Geschwindigkeit

bis zu 64,4 km/h

Intelligenz

Ziemlich klug, aber kein Siegerplatz im Wettbewerb ...

DR. WUS DINOSAURIER

Der *Gallimimus* von Jurassic World wiegt 454 kg, sehr viel schwerer als in echt. Er läuft über 32 km/h und ist mittelmäßig intelligent.

Der Netzwerfer wurde betätigt.

Extra nützlich

Das Forschungsfahrzeug hat zwei abnehmbare Drohnen. Sie erreichen Orte, die sonst unzugänglich wären.

Große Reifen für jedes Gelände

FORSCHUNGSFAHRZEUG

Voll ausgestattet und bereit zum Einsatz

Dieses robuste Fahrzeug hat alles, was Claire braucht, um draußen Dinosaurier zu beobachten, sogar ein Mini-Labor. Es gibt zusätzliche Ausrüstung nur für den Fall, dass Dinos abhauen.

Im Cockpit ist Platz für zwei.

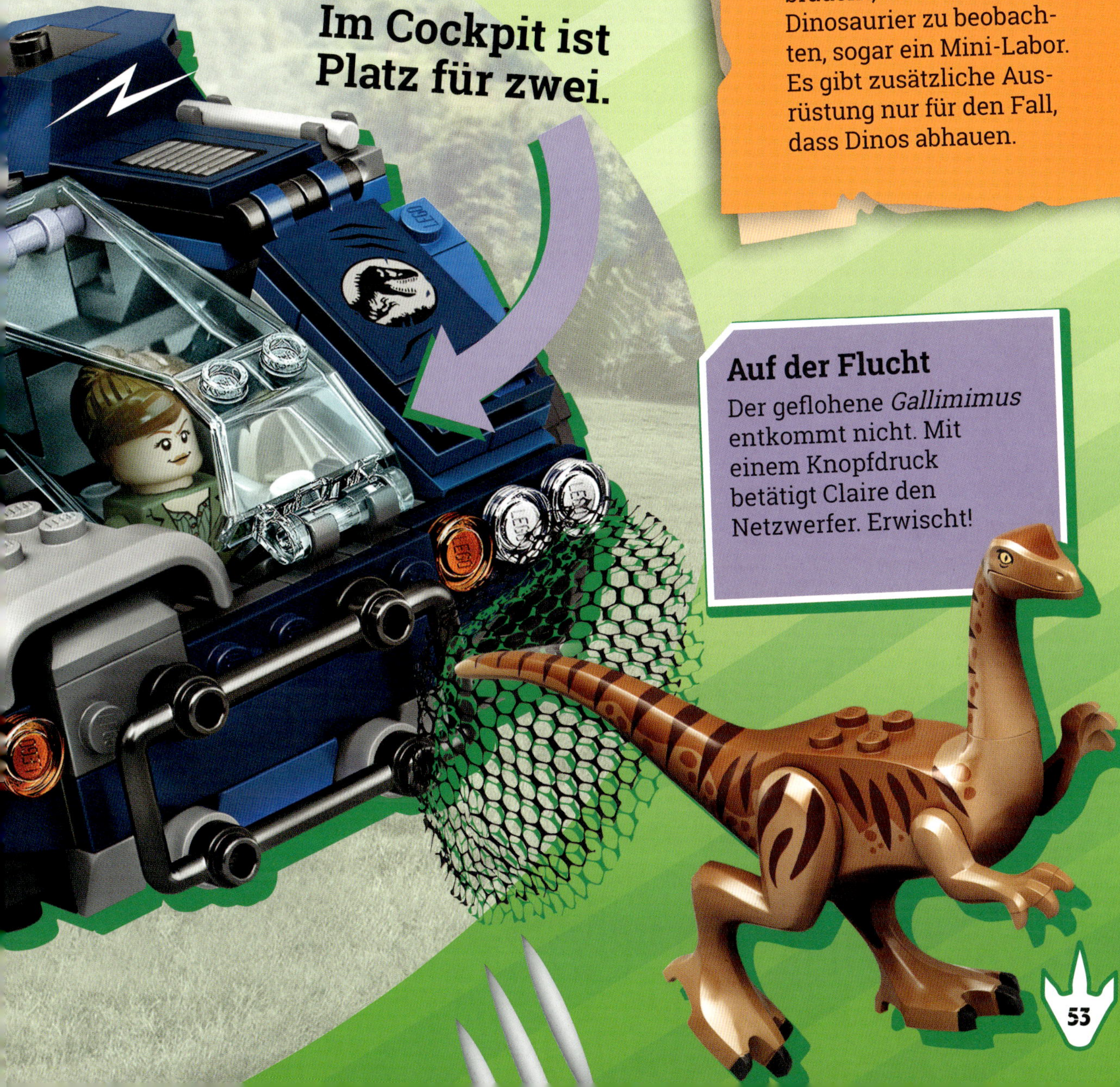

Auf der Flucht

Der geflohene *Gallimimus* entkommt nicht. Mit einem Knopfdruck betätigt Claire den Netzwerfer. Erwischt!

DOPPELTE GEFAHR

Pteranodon und *Gallimimus* entkommen

Als ein *Pteranodon* und ein *Gallimimus* ausbrechen, geht die Verfolgung los! Sie sind mit die schnellsten Dinos in Jurassic World!

GACK!
GACK!

DR. WUS DINOSAURIER

Dr. Wus *Dilophosaurier* sind mäßig intelligent und damit nicht ganz so schlau wie in echt. Aber ein *Dilophosaurus* von Jurassic Park kann sich überhaupt nicht mit dem Schurken Dennis Nedry anfreunden, der ist also klug!

Der *Dilophosaurus* wog so viel wie ein Pferd, war aber viel wilder!

DINO-FAKTEN

Länge

7 m

Gewicht

500 kg

Geschwindigkeit

bis zu 35,4 km/h

Intelligenz

Etwas weniger schlau als ein *Velociraptor*

Der *Dilophosaurus* war Zweibeiner, der Schwanz diente zur Balance.

Fossilien des *Dilophosaurus* wurden nur in den USA gefunden und stammen aus dem Jura vor etwa 190 Millionen Jahren.

DILOPHOSAURUS

Heißt übersetzt: Zweikammechse

Zwei Knochenkämme auf dem Kopf machen diesen Dino leicht erkennbar. Wozu die Kämme gut waren, weiß man nicht – Forscher glauben, sie dienten zur Partnersuche und für Imponiergehabe. Er war einer der größten fleischfressenden Dinos seiner Zeit!

Der *Dilophosaurus* fraß Dinosaurier und andere Tiere, vermutlich auch Fische.

KNUSPER!

Schnapp!

Der *Dilophosaurus* war schnell und setzte seine Klauen ein, bevor er zubiss.

Coole Extras

Die Sensoren der Drohne können Dinosaurier aufspüren. Ihr Netz lässt sich auf entwischte Dinos werfen.

Vier wirbelnde Rotoren treiben die Drohne an.

DROHNEN-HUBSCHRAUBER

Toll, um die Winkel der Insel auszuspähen

Jurassic World hat die modernste Technik, darunter diese Drohne. Sie ist schnell und leicht und lässt sich fernsteuern – ideal für Patrouillen in den fernsten Ecken der Isla Nublar.

Owen kann die Drohne vom Cockpit aus steuern.

Kameras schicken Daten in den Kontrollraum.

Park-Patrouille

Das Einzige, was der Flug-Drohne in die Quere kommen kann, sind neugierige fliegende *Pteranodons*! Hat die Drohne eine Runde gedreht, kehrt sie auf das Landefeld zurück.

Der *T. Rex* ist nicht erfreut über den Rivalen!
Wer gewinnt? Beide haben riesige Mäuler. Doch der *T. Rex* hat spitze Zähne …
Vic Hoskins hat keine Ahnung, was los ist! Er schockt einfach alles und hofft aufs Beste …

T. REX GEGEN DINO-MECH

Dinosaurier gegen Dino-Roboter

Danny Nedermeyer hat seine Computer-Fertigkeiten verbessert und einen Dino-Mech entworfen. Er steigt ins Cockpit und steuert ihn. Nichts kommt mehr zwischen ihn und den Schatz, nicht einmal ein mächtiger *T. Rex*!

Achtung! Der Dino-Mech hat einen Peitschen-Schwanz!

Der Mech beugt die Arme und Beine, um beweglicher zu sein.

DOPPELDECKER

Such- und Rettungsflieger

Ein Vorteil der Arbeit bei Jurassic World ist, dass man coole Flieger testen kann. Owen hat keinen Liebling, aber der Doppeldecker ist ein Traum. Da wird man doch gerne zum Helden!

Leichte Landung

Der Doppeldecker ist cool – er kann auf dem Wasser landen! Schwimmkörper unter den Flügeln sorgen dafür, dass Owen auch auf dem Meer sanft landet.

Baby Delta genießt den Ausflug heimlich.

Die Kette lässt sich senken, um Leute in Not zu retten.

Doppeldecker haben zwei Paar Flügel.

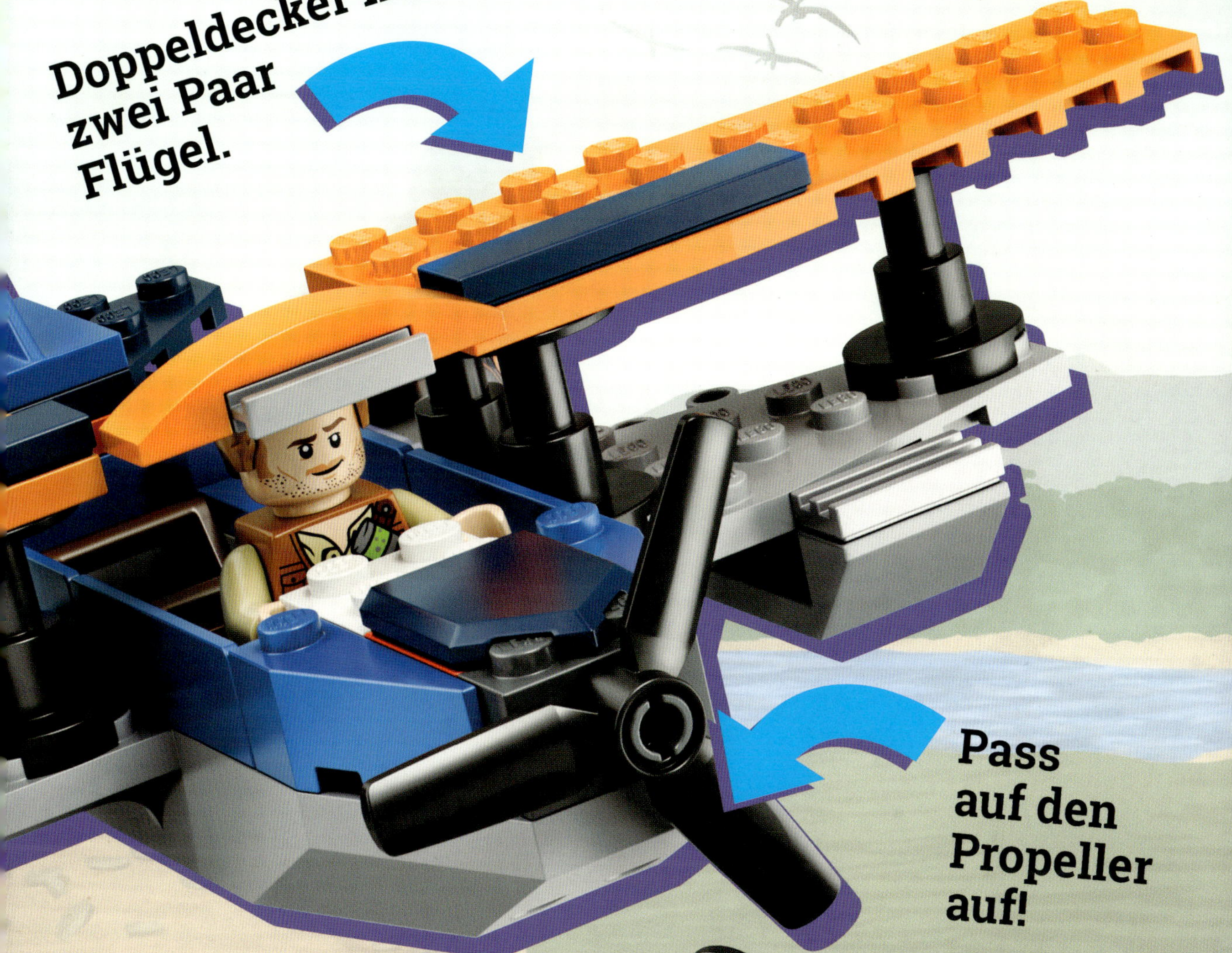

Pass auf den Propeller auf!

Plan B

Owen hat auch einen robusten Geländewagen in der Nähe geparkt. Die großen Reifen werden mit den Felsen der Isla Nublar fertig. Wo immer der Vermisste ist, Owen findet ihn.

Nicht mal ein wütender *T. Rex* ist dem Vulkan gewachsen!

MOUNT SIBO

Ein schlafender Vulkan (oder doch nicht?)

Falls die Dinosaurier noch nicht genug Kummer machen, gibt es auf der Isla Nublar auch noch einen Riesenvulkan. Mount Sibo ist ewig nicht ausgebrochen. Da bleibt doch noch Zeit, bis er explodiert, oder?

Oh-oh. Die Lava sieht frisch aus!

Schatz!

Im Vulkan gibt es nicht nur Steine – er verbirgt eine Schatztruhe voller Gold und Juwelen. Wer sie findet, wäre bestimmt unfassbar reich.

JURASSIC WORLD

Simon Masrani, der „Macher“ von Jurassic World, will den Park verbessern und neue Sehenswürdigkeiten bieten. Je extremer, desto besser! Er verlangt eine neue Attraktion, die ihn zum besten Vergnügungspark überhaupt macht. Sie muss einzigartig sein – groß, spannend und gruselig. **Dr. Wu hat einen Plan. Was soll da schon schiefgehen?**

ICH HABE EINE IDEE, DIE BESUCHER IN DEN PARK STRÖMEN LÄSST!
JURASSIC WORLD
DR.

ALLES IM GRIFF

Damit Jurassic World problemlos läuft

Claire hat nun ihren Traumberuf als Leiterin von Jurassic World. Sie ist für den ganzen Park verantwortlich – eine große Aufgabe. Darauf hat sie hingearbeitet, doch da bleibt nicht viel Zeit für Freunde oder Familie.

Zu beschäftigt

Claire hat ihre Neffen Zach und Gray ein paar Jahre nicht gesehen, und jetzt, als sie den Park besuchen, hat sie nicht viel Zeit für sie. Sie muss arbeiten!

Mittendrin

Claire ist mutig und entschlossen. Wenn ein Dinosaurier entkommt, hilft sie den ACU-Rangern, den Dino wieder aufzuspüren.

Mutige Anführerin

Die Mitarbeiter von Jurassic World hören auf Claires Anweisungen. Sie ist ruhig und gut in ihrer Rolle.

Claire gibt viele Befehle über ihr Handy.

FIGUREN

Viele verschiedene Leute müssen den Betrieb von Jurassic World sicherstellen. Manche konzentrieren sich auf die Tiere, während andere für Sicherheit sorgen. Manche wie Simon Masrani wollen nur eine tolle Show für die Park-Besucher bieten, ohne sich um die Sicherheit zu sorgen. Oh-oh …

OWEN GRADY

Beruf: Verhaltensforscher

Wird wohl: Handeln ohne Plan (aber irgendwie klappt's)

Wird wohl kaum: Einen Plan machen oder über Gefühle reden

SIMON MASRANI

Beruf: Milliardär und Parkbesitzer

Wird wohl: Guten Rat ignorieren, Hubschrauber fliegen (schlecht)

Wird wohl kaum: Zuhören, über alles richtig nachdenken

ACU-RANGER

Beruf: Dino-Hüter

Bester Teil: Spannende brandneue Dinosaurier sehen

Schlimmster Teil: Gegen wütende Dinos antreten

ACU-RANGER

Beruf: Dino-Hüterin

Mag: Mitten im Getümmel sein

Mag nicht: Wenn die Dinos allzu nah kommen ...

PALÄO-TIERARZT

Beruf: Kranke Dinos versorgen

Mag nicht: Dinos vor der Behandlung einfangen müssen

Niemals ohne: Seinen Glücks-Hut

VIC HOSKINS

Beruf: Sicherheitschef des Parks

Würde gern: *Raptor*-Soldaten machen (schlechte Idee!)

Schon gewusst? Er hatte mal einen zahmen Wolf.

BARRY SEMBÈNE

Beruf: *Raptor*-Trainer

Lieblings-Dino: Delta (psst, nicht den anderen verraten)

Gut zu wissen: Barry ist ein alter Freund von Owen.

DR. HENRY WU

Genetiker und Leiter des Hammond-Entwicklungslabors

Dr. Wu ist Experte für Gene – die Teile der Zelle, die die Merkmale eines Wesens bestimmen. Er forscht toll, wäre da nicht ein Problem: Es kümmert ihn nicht, was seine Ideen in der Welt bewirken!

Geniale Hirne brauchen viel Kaffee …

Babysitter

Am schlimmsten bei Dr. Wus Beruf ist das Füttern der Dino-Babys. Sie sind so grummelig, wenn sie Hunger haben!

Hightech

Dr. Wu hat teure Computer und Inkubatoren im Labor. Er verschüttet besser keinen Kaffee!

Genauer Blick

Dr. Wu untersucht Zellen mit dem Mikroskop. Jede Kleinigkeit ist bei seiner Arbeit wichtig.

Notfall

Das Medikament in Dr. Wus Spritze beruhigt gefährliche Dinos, wenn er sie erwischt!

DINOS ERSCHAFFEN

Im Hammond-Entwicklungslabor in Jurassic World

Im Labor erzeugen Dr. Wu und sein Team aus DNS Dino-Eier. Aus den Eiern schlüpfen Baby-Dinosaurier. Im Labor ist immer Betrieb. Heute geht der Alarm los, als ein Baby-*Triceratops* aus dem Käfig ausbricht!

DNS
ist eine Blaupause oder Befehlsreihe, um etwas Lebendes zu bauen.

Die Eier werden **bebrütet**, bis die Baby-Dinosaurier schlüpfbereit sind.

Auf Monitoren blinken Informationen für Dr. Wu!

Dr. Wu gibt einem durstigen Baby-*Ankylosaurus* Wasser. Er beobachtet die frisch geschlüpften Dinos genau.

Dr. Wus Rezept zur Dino-Schöpfung:

1) Such eine voll erhaltene blutsaugende Mücke aus der Zeit der Dinos.
2) Entnimm Blut mit Dino-DNS aus der Mücke.
3) Erzeuge aus der DNS Dinosaurier-Embryos und -Eier.
4) Warte, bis die Baby-Dinos schlüpfen.

ZACH & GRAY MITCHELL

Brüder im Urlaub ihres Lebens!

Zach und Gray sind ganz unterschiedlich. Der ältere Bruder Zach ist cool und ruhig, während Gray eine Plaudertasche ist. Gray ist Dino-Fan und kann es kaum erwarten, Jurassic World zu erkunden, aber Zach interessiert sich nur für sein Handy!

Familientreffen

Grays und Zachs Eltern schicken sie nach Jurassic World, um ihre Tante Claire zu besuchen. Aber Claire ist zu beschäftigt für sie.

Tolles Erlebnis

Gray hat Spaß in Jurassic World. Er fährt in der Gyrosphäre ganz nah an die Dinos ran. Zum Glück ist sein Bruder da, als die Dinge aus dem Ruder laufen.

Zu nah!

Zach beschützt seinen kleinen Bruder vor allem – sogar einem gefährlichen Indominus Rex! Kommt ein Dino zu nahe, retten Zachs kühler Kopf und schneller Verstand die beiden.

Gray hat gern eine lange Zottelfrisur.
Zach stylt jeden Tag ewig seine Haare.
T. REX-FÜTTERUNG? KARUSSELL? ICH KANN MICH NICHT ENTSCHEIDEN.

Der *Pteranodon* jagte auf dem Meer, schwamm auf dem Wasser wie ein Meeresvogel und tauchte nach

Fisch!

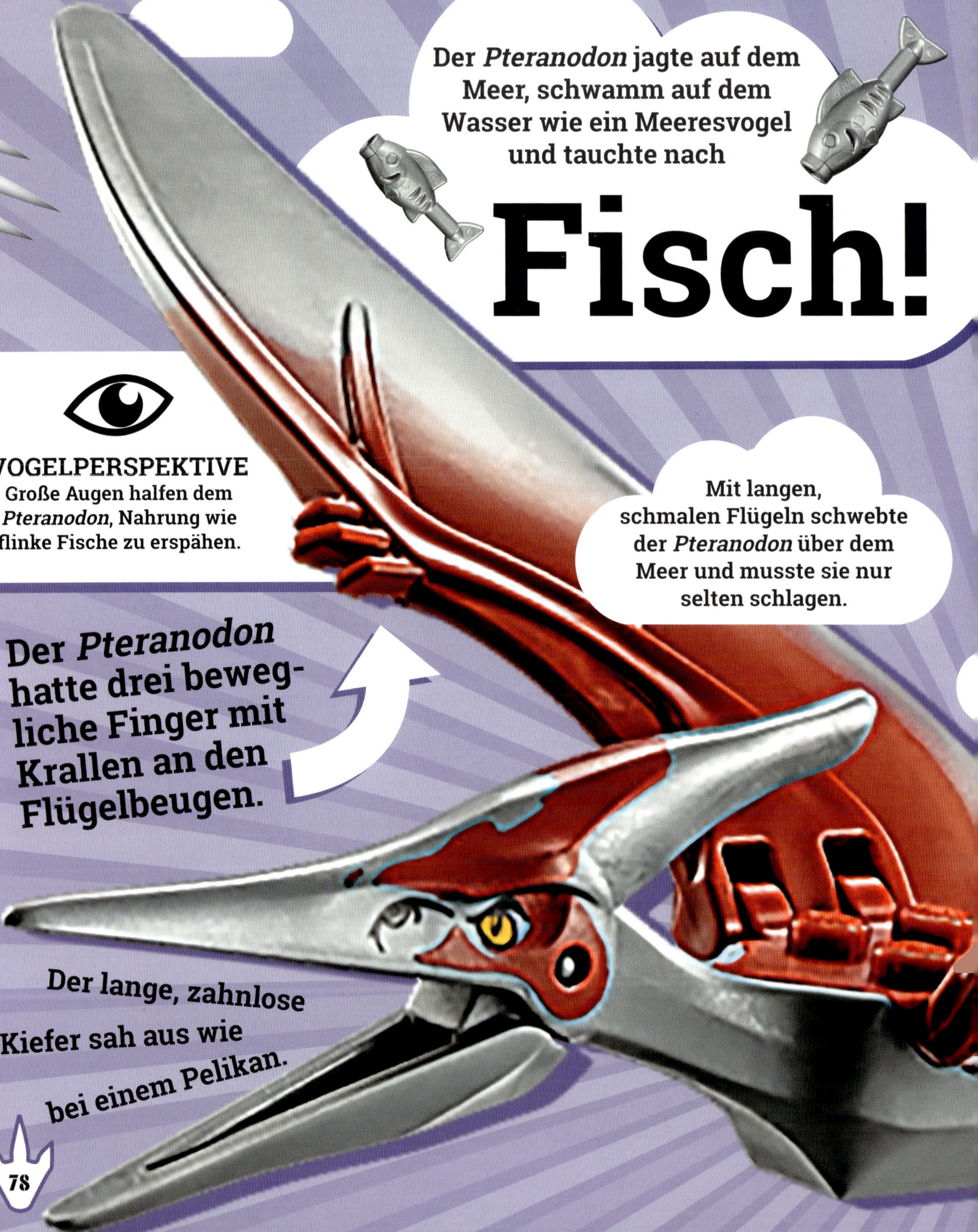

VOGELPERSPEKTIVE
Große Augen halfen dem *Pteranodon*, Nahrung wie flinke Fische zu erspähen.

Mit langen, schmalen Flügeln schwebte der *Pteranodon* über dem Meer und musste sie nur selten schlagen.

Der *Pteranodon* hatte drei bewegliche Finger mit Krallen an den Flügelbeugen.

Der lange, zahnlose Kiefer sah aus wie bei einem Pelikan.

PTERANODON

Heißt übersetzt: Zahnloser Flügel

Wusch! Der faszinierende *Pteranodon* war eigentlich kein Dinosaurier – sondern ein Flugreptil aus der Gruppe der Pterosaurier. Man erkennt ihn an dem langen, nach hinten gerichteten Kamm auf dem Kopf.

Der *Pteranodon* hatte eine Spannweite von über 7 m – das ist beinahe dreimal mehr als die 1,8-2,4 m eines Weißkopfseeadlers.

DINO-FAKTEN

Spannweite

7 m

Gewicht

35 kg

Geschwindigkeit

bis zu 112,7 km/h

Intelligenz

Hat auf jeden Fall keinen „Vogel".

DR. WUS PTERANODON

Ein Jurassic-World-*Pteranodon* ist mit 57 kg schwerer als in echt und etwas weniger intelligent. Von Schnabel bis Schwanz misst er 2,1 m.

Große, wirbelnde Rotorblätter

Im Netz!

Erwischt! Der Netzwerfer funktioniert, doch der *Pteranodon* beschädigt einen Rotor. Jetzt ist es noch schwieriger, geradeaus zu fliegen.

Simon Masrani hat den Pilotenschein ganz neu.

HUBSCHRAUBER

Ein holpriger Flug im *Jurassic One*

Simon Masrani ist ein versierter Geschäftsmann, aber als Pilot ist er Neuling. Trotzdem springt er in den JW001, als der Indominus Rex entkommt. Was soll schon schiefgehen?

Die Heck-Kennung zeigt den Namen.

Fliegende Gefahr

Auch einige *Pteranodons* entwischen! Simon und ein ACU-Ranger verfolgen sie. Der Hubschrauber hat ein Netz, um Dinos auf Abwegen zu fangen.

ANKYLOSAURUS

Heißt übersetzt: Gebogene Echse

Leg dich nicht mit dem *Ankylosaurus* an! Der große, zähe Pflanzenfresser war wehrhaft. Sein Knochenpanzer schützte ihn vor den Zähnen und Klauen der Fleischfresser wie *T. Rex*.

Der *Ankylosaurus* war bis zu 9 m lang. Das ist länger als die Breite von drei Schulbussen!

DINO-FAKTEN

Länge

9 m

Gewicht

6000 kg

Geschwindigkeit

bis zu 9,7 km/h

Intelligenz

Beim *Ankylosaurus* waren Muskeln wichtiger als Hirn.

Am Schwanzende dieses Dinosauriers bildete eine große Knochenmasse eine Keule. Damit konnte er auf Raubsaurier losgehen!

Der *Ankylosaurus* wog beinahe so viel wie

DREI NASHÖRNER!

DR. WUS DINOSAURIER

Der *Ankylosaurus,* den Dr. Wu für Jurassic World entwirft, ist mit 7983 kg schwerer als in echt. Mit 9,6 m ist er auch etwas länger.

NICHT STÖREN!

Neben der Knochenrüstung hatte der *Ankylosaurus* auch Stacheln entlang des Körpers und kleine Hörner.

Der *Ankylosaurus* mahlte Pflanzen mit den Zähnen. Sein langer Darm half ihm beim Verdauen. Man fand *Ankylosaurier* mit ihrer letzten Mahlzeit im Bauch.

GYROSPHÄRE

Mit den Herden rollen

Die coolste Art für Besucher, den Park zu erkunden, sind die Gyrosphären. Diese Glaskugeln rollen sanft mit 8 km/h, damit Besucher die Herden aus *Ankylosauriern* und *Triceratops* beobachten können.

Das Glas kann eine Kugel abhalten, aber nicht die Klauen des Indominus Rex.

Rückversicherung

Die Gyrosphären sind sicher, doch die ACU-Ranger sind auch in ihren Geländewagen unterwegs. Aber was sollte schon schiefgehen?

Der eingebaute Computer identifiziert Dinos.

Sicherheit

Unsichtbare Zäune verhindern, dass die Dinos zu weit herumlaufen. ACU-Ranger sind bereit, Dinos auf Abwegen zurückzutreiben – oder sie in ihr Gehege zu transportieren.

Die Tür ist zur Sicherheit des Gastes fest verschlossen.

DINO-GEHEGE

Verwahrt die neueste Attraktion des Parks

Dr. Wu hat einen neuen Dino geschaffen. Er heißt Indominus Rex, und keiner weiß, wozu er fähig ist. Klar ist: Er ist GROSS! Er braucht ein sicheres Gehege, bis Claire und das Team lernen, mit ihm umzugehen.

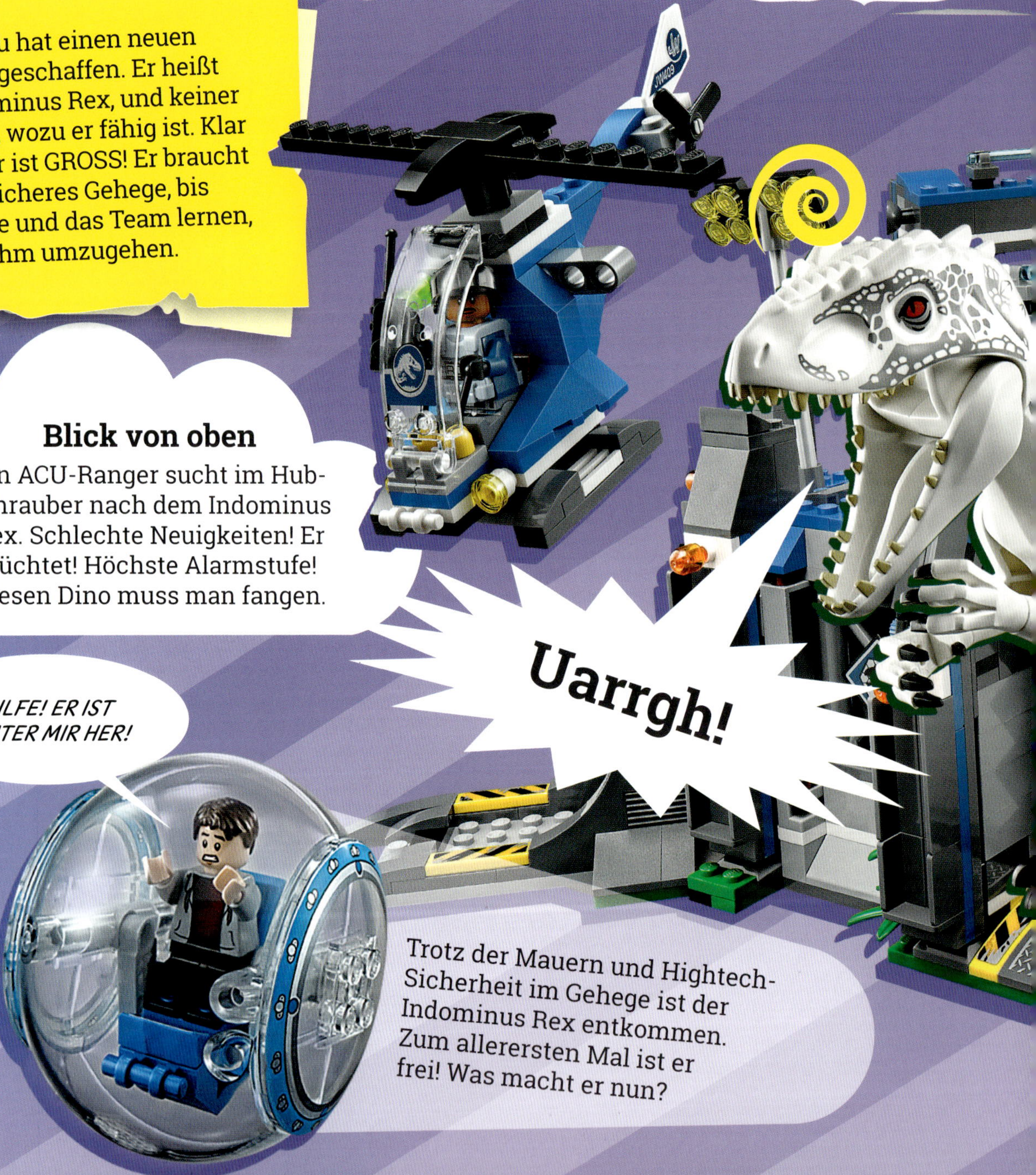

Blick von oben

Ein ACU-Ranger sucht im Hubschrauber nach dem Indominus Rex. Schlechte Neuigkeiten! Er flüchtet! Höchste Alarmstufe! Diesen Dino muss man fangen.

Trotz der Mauern und Hightech-Sicherheit im Gehege ist der Indominus Rex entkommen. Zum allerersten Mal ist er frei! Was macht er nun?

Der Turm gewährt Dr. Wu einen tollen Blick auf das Chaos.

DINO-SHOWDOWN

Neuer Fleischfresser gegen gepanzerten Pflanzenfresser

Der Indominus Rex ist entkommen! Und er will sich definitiv nicht mit dem *Ankylosaurus* anfreunden ...

Die Falltür kann man rasch öffnen, falls die *Raptoren* flüchten.
Das Gehege hat einen Elektrozaun.

RAPTOR-GEHEGE

Zu Hause bei den schlauen Fleischfressern

Im hellen Gehege können sich die *Raptoren* nicht verstecken.

Echo und Charlie sind sicher in ihrem Gehege verwahrt. Es ist nicht für Besucher geöffnet, da Owen Grady und Barry Sembène sie noch trainieren. Sie kennen die *Raptoren* gut, doch die Dinos können auch überraschen …

Allzeit bereit

Barry pflegt die *Raptoren*. Er erkennt, wenn sie Hunger oder Angst haben. Er hat einen Betäubungspfeil dabei, falls sie auf ihn losgehen.

Ein Paläo-Tierarzt untersucht die *Raptoren* regelmäßig.

RAPTOR-RANDALE

Blue und Delta sind frei!

Oh-oh! Die *Raptoren* sind entwischt und gehen womöglich auf den Tierrettungs-Truck los. Das Fahrzeug ist nicht gegen ihre scharfen Klauen geschützt. Zum Glück hält Owen auf einem Motorrad mit den Dinos mit. Kann er sie wieder in ihr Gehege bringen?

Delta kann zum ersten Mal laufen, wohin sie will.

Blue will nicht auf Owen hören. Das macht zu viel Spaß!

Claire fährt geschickt den Tierrettungs-Truck.

Der ACU-Ranger hat den Überblick, aber ist er zu nah an den *Raptoren*?

Der Tierrettungs-Truck ist nicht tempo- und geländefest.

IN DIE FREIHEIT

Wütender Indominus Rex entkommen!

Der Indominus Rex hat sein ganzes Leben in Laboren und Gehegen verbracht, doch nun ist er zum ersten Mal frei. Und wütend! Ihm sollte nichts in die Quere kommen – keine Bäume, Gyrosphären oder andere Dinos. Owen muss ihn aufhalten!

Der Indominus Rex ist mit einer List entwischt. Er kann sich tarnen!

Das Brüllen des Indominus Rex ist lauter als ein Düsenflugzeug.

Er muss Hindernissen nicht ausweichen. Er wirft sie um!

Geniale Schöpfung

Der Indominus Rex wurde von Dr. Wu geschaffen. Er ist ein Hybrid – eine Mischung verschiedener Arten. Dr. Wu nutzt dazu die Gene vieler Dinos und anderer Tiere (wie Pfeilgiftfrösche). Wegen all dieser Gene hat er viele Fähigkeiten. Owen braucht Hilfe, um ihn zu überlisten!

JURASSIC WORLD: DAS GEFALLENE KÖNIGREICH

Nach dem Ausbruch des Indominus Rex ist Jurassic World eine Ruine. Die Menschen sind weg, und die anderen Dinosaurier streifen frei über die Isla Nublar. Doch der Vulkan Mount Sibo droht auszubrechen, und die Dinos sind in Gefahr. Nicht jeder will ihr Bestes. **Vielleicht ist der Vulkan nicht einmal die größte Bedrohung ...**

FIGUREN

Was das Beste für die Dinosaurier ist, sieht jeder anders. Claire gründet die DPG (Dinosaur Protection Group), um die Dinos zu schützen und für ihre Rechte einzutreten. Viele stimmen ihr zu, aber andere sehen Dinosaurier vor allem als Geldquelle – oder als Gefahr.

ZIA RODRIGUEZ

Beruf: DPG-Paläo-Tierärztin

Was ist das? Ein Tierarzt für Dinosaurier

Sie würde: Ihr Leben für einen kranken *T. Rex* riskieren

FRANKLIN WEBB

Beruf: DPG-Technik-Guru

Mag: Knifflige Technik-Probleme – die sind einfach

Mag nicht: Außen-Einsätze. Am Bildschirm ist es sicherer!

MAISIE LOCKWOOD

Alter: 9

Wohnt: In einem großen Anwesen mit Dino-Museum

Liebt: Dinosaurier, und alle, die Dinos lieben

DR. HENRY WU

Beruf: Leiter des Dino-Labors

Wird wohl: Einen gruseligen neuen Dino erschaffen

Wird wohl kaum: Bedenken, was der Dino anrichten könnte

ELI MILLS

Beruf: Geschäftsmann, Schurke

Tut so, als: Würde er Dinos von der Isla Nublar retten

Will eigentlich: Dinos an fiese Menschen verkaufen

KEN WHEATLEY

Beruf: Jäger, Söldner

Sammelt: Dinosaurier-Zähne (eine echt schlechte Idee)

Freut sich über: Geld. Das war's. Nur Geld.

GUNNAR EVERSOL

Beruf: Auktionator

Was ist das? Er verkauft Dinos an den Höchstbietenden.

Größter Fehler: Mit einem Indoraptor im Aufzug fahren

DINO-SCHÜTZERIN

Neue Claire mit neuer Mission

Claire war so mit Jurassic World beschäftigt, dass keine Zeit für Familie oder Freunde blieb. Sie verlor sogar das Wichtigste aus den Augen – die Dinosaurier. Nun ist alles anders. Da Jurassic World Vergangenheit ist, hilft Claire den verbliebenen Dinos.

Neue Mission

Claire hat die DPG gegründet. Die Gruppe glaubt, dass Dinos nicht zur Unterhaltung in Parks gehalten werden sollten. Sie verdienen Schutz und ein Leben in Frieden.

Retterin in der Not

Claire war immer schon bereit, wenn nötig, ihr Leben für andere zu riskieren. Maisie Lockwood ist dankbar für Claires Mut und raschen Verstand.

Doppelvorstellung

Claire hat Owen lang nicht gesehen, doch jetzt braucht sie seine Hilfe. Noch immer zoffen sie sich, aber es lässt sich nicht leugnen, dass sie im Team toll sind!

Claire wird alles tun, um die Dinos zu retten – und ihre Eier.

DINO-ENTSCHEIDUNG

Was soll mit den Dinosauriern der Isla Nublar passieren?

Jeder hat eigene Vorstellungen davon, was für die Dinosaurier am besten ist. Aber eines ist klar: Bricht der Mount Sibo aus, wird die ganze Insel untergehen, auch die Dinosaurier. Soll man sie retten?

Rettet sie!

Claire und die DPG (Dinosaur Protection Group) glauben, dass Dinosaurier Rechte haben. Wie jedes Lebewesen verdienen sie eine Chance.

Lasst sie dort!

Dr. Ian Malcolm glaubte stets, dass Menschen Dinosaurier nicht beherrschen können. Sie sollen auf der Insel bleiben, um wieder auszusterben.

Verkauft sie!

Eli Mills, Ken Wheatley und Gunnar Eversol sind Dinosaurier völlig egal. Sie sehen nur eine Möglichkeit, viel Geld zu verdienen.

Befreit sie!

Maisie Lockwood glaubt, dass Dinosaurier unschuldige Tiere sind, die frei sein sollten. Sie sind nicht schuld, dass sie geschaffen wurden!

WIEDER IM EINSATZ

Dinosaurier retten. Held sein. Schon wieder.

Nach Jurassic World wollte Owen allein sein. Aber als Claire ihn braucht, kann Owen sie nicht enttäuschen. Besonders, da auch seine alte Freundin Blue Schwierigkeiten hat. Bald tut Owen, was er am besten kann – mit Claire alles in Ordnung bringen.

Treues Bike

Owen liebt sein Motorrad. Es passt perfekt – es ist schnell, cool und hat nur einen Platz!

Treue Freundin

Owen und Blue kennen sich lang, und er wird stets auf sie aufpassen. Sie rettete Owen vor dem Indominus Rex. Nun muss er sie vor Mount Sibo retten.

Ein neuer Weg

Owen stellt fest, dass es toll ist, zu einem Team zu gehören. Er kann sich gut um Menschen kümmern, besonders um Maisie Lockwood.

Zumindest entkommen die *Pteranodons* dem Vulkan allein!

Ken hat einen Käfig für Blue, falls er sie fangen kann.

Der Jäger Ken ist nicht weit weg!

Verraten!

Owen half Ken, Blue aufzuspüren, bevor er merkte, dass Ken keiner von den Guten ist. Eli Mills heuerte Ken an, um Blue und andere Dinos zu fangen. Owen muss sein Bestes tun, um Blue zu befreien!

FREUNDSCHAFTSDIENST

Owen kommt Blue zu Hilfe

Owen kennt Blue, seit sie ein Baby war. Er hat sie trainiert und zu einem tollen Dino herangezogen. Owen hat Blue nicht gesehen, seit Jurassic World vor Jahren geschlossen wurde. Doch ihre Verbindung ist noch stark.

T.-REX-TRANSPORT

Unterwegs mit einem wütenden Dino

Der *T. Rex* wird von der Isla Nublar geholt, aber es ist nicht einfach. Der Transporter hat einen Anhänger mit mobilem Container für ihn. Aber den *T. Rex* zu überzeugen, dass er hineingehen soll, wird hart!

T. Rex mögen keine Käfige!

Krankenstation

Der *T. Rex* wehrt sich. Wird er verletzt, braucht er vielleicht eine Bluttransfusion. Der Transporter hat eine mobile Krankenstation, damit der Dino gesund bleibt.

Die Anhänger-Seitenwände kann man umklappen.

Gefangen

Der *T. Rex* ist nun sicher im Anhänger. Die hohen Seitenwände sind verriegelt, und lange Stangen halten ihn. Es ist immer noch klug, Abstand zu ihm zu halten!

Der Anhänger hängt hier am Laster.

VULKANAUSBRUCH!

Eine feurige Zeit auf der Isla Nublar

Die Dinge haben sich auf der Isla Nublar ziemlich verschlechtert. Franklin, Claire und Owen geht die Zeit aus, um die Dinos zu retten, und auch sich selbst. Mount Sibo bricht aus – und es sieht aus, als würde Ken Wheatleys Schiff ohne sie ablegen!

Kawumm! Mount Sibo hat den Ausbruch jahrelang angestaut!

Der Vulkan spuckt glühende Lava. Weg hier!

Gestrandet!

Owen, Claire und die DPG wurden hereingelegt. Ken nutzte sie nur aus, um die Dinos zu finden. Er hatte nie vor, sie dann wieder mitzunehmen. Aber Claire und Owen haben schon Schlimmeres erlebt. Sie werden die Insel verlassen!

Der *Carnotaurus* hatte kleine Augen und eine seltsame Schädelform. Forscher glauben, sein Geruchssinn war vielleicht wichtiger als seine Sicht.

Der *Carnotaurus* hatte große Knochenplatten auf der Seite und am Rücken.

Der *Carnotaurus* wäre völlig unbrauchbar beim

APPLAUS.

Seine Arme waren nur 0,4 m lang – winzig im Vergleich zum restlichen Körper, und nicht mal lang genug, um die Hände zu falten oder sich am Bauch zu kratzen.

CARNOTAURUS

Heißt übersetzt: Fleischfressender Stier

Den *Carnotaurus* würde ein Hase hinter sich lassen, der bis zu 80 km/h läuft.

Autsch! Der *Carnotaurus* hat mit seinen stierartigen Hörnern vielleicht rivalisierende Dinosaurier gerammt. Er war ein großer, fleischfressender Dinosaurier wie der *T. Rex*, aber dabei schneller. Doch der *T. Rex* hatte längere Arme!

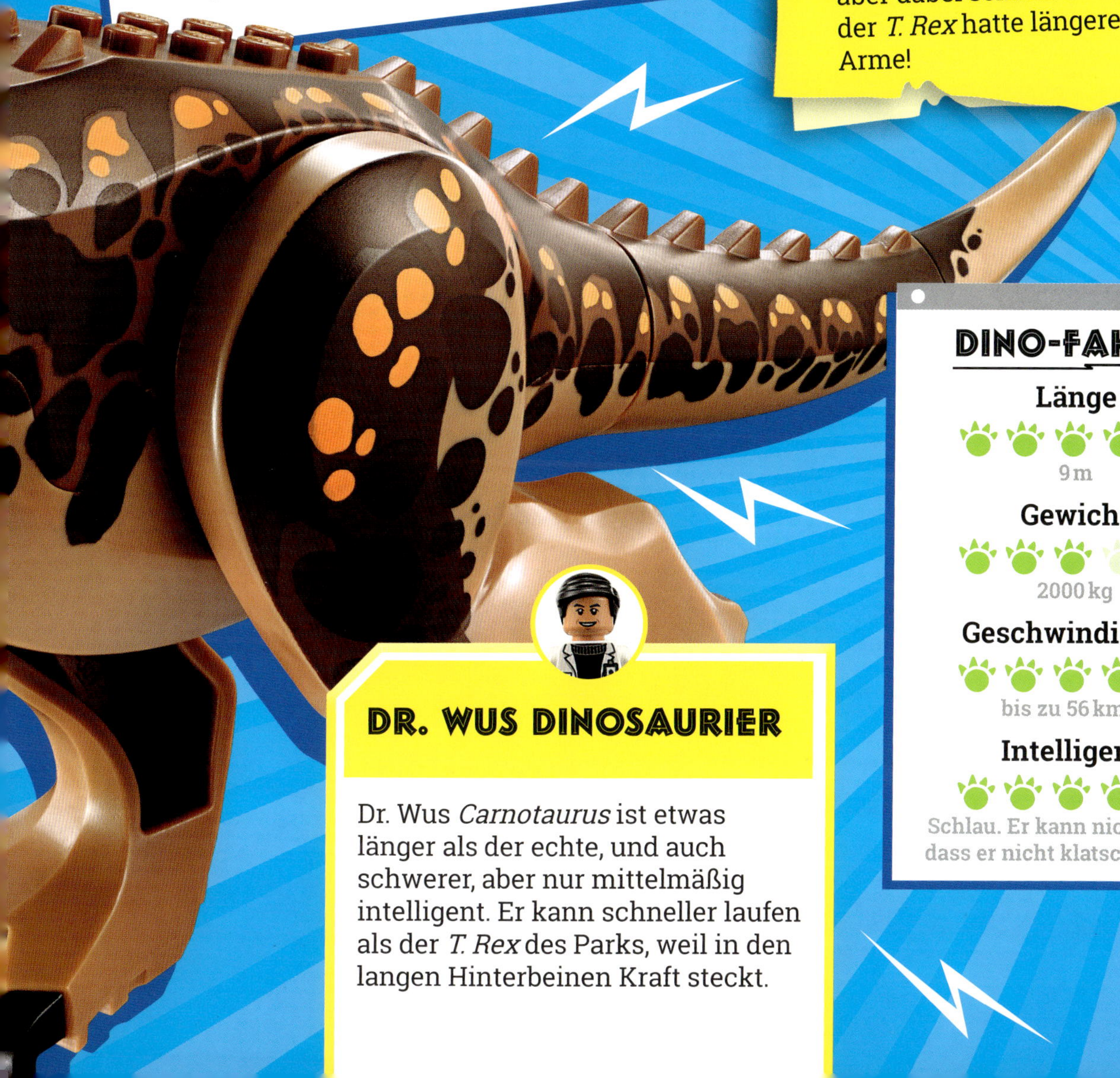

DINO-FAKTEN

Länge

9 m

Gewicht

2000 kg

Geschwindigkeit

bis zu 56 km/h

Intelligenz

Schlau. Er kann nichts dafür, dass er nicht klatschen kann!

DR. WUS DINOSAURIER

Dr. Wus *Carnotaurus* ist etwas länger als der echte, und auch schwerer, aber nur mittelmäßig intelligent. Er kann schneller laufen als der *T. Rex* des Parks, weil in den langen Hinterbeinen Kraft steckt.

LOCKWOOD-ANWESEN

Schauplatz epischer Dinosaurier-Auftritte!

Das Lockwood-Anwesen in Nordkalifornien (USA) wirkt herrschaftlich und elegant, beherbergt aber gefährliche Geheimnisse. Ken Wheatley hat die Dinos der Isla Nublar hergebracht. Es gehört alles zu Eli Mills' Plan ...

Das Dach ist nicht dino-fest! Es könnte einstürzen!

Geheimnis gelüftet!

Dr. Wu arbeitet in seinem Geheimlabor in Lockwood an seiner schaurigsten Schöpfung. Der Indoraptor ist ein Hybrid-Dino und wurde gezüchtet, um Unheil zu stiften. Und jetzt ist er frei!

Maisie sitzt in ihrem Zimmer fest. Trifft Owen rechtzeitig ein?

BRÜÜÜLL!
Der *Velociraptor* ist gegen den Indoraptor chancenlos!

Scharfer Schnabel

zum Verzehr von Blättern und Früchten

Kleine Hände zum Sammeln von Nahrung

DINO-FAKTEN

Länge

3 m

Gewicht

100 kg

Geschwindigkeit

bis zu 29 km/h

Intelligenz

Nicht der klügste Dinosaurier

STYGIMOLOCH

Heißt übersetzt: Gott vom Höllenfluss

Der Pflanzenfresser *Stygimoloch* ist immer noch rätselhaft. Manche Forscher glauben, er sei nicht einmal eine eigene Art, sondern nur ein jüngeres Exemplar der großen Knochenkopf-Dinos *Pachycephalosaurus*.

Der *Stygimoloch* hatte einen kleineren Schädel und längere Hörner als der *Pachycephalosaurus*. Er rammte wohl andere Dinosaurier mit dem Kopf!

DR. WUS DINOSAURIER

Der *Stygimoloch*, den Dr. Wu für Jurassic World entwarf, ist 3,5 m lang – etwas mehr als die echte Ausgabe.

Dieser Dinosaurier war 1,4 m groß, etwas kleiner als die weltweite Durchschnittsgröße von Frauen mit 1,59 m.

AUSBRUCH!

Ein *Stygimoloch* ist entwischt

Dieser *Stygimoloch* ist zwar nicht der klügste Dino, aber er weiß seinen Kopf einzusetzen! Er hat es satt, von Dr. Wu im Labor beobachtet zu werden, darum rammt er sich einen Weg frei. Jetzt muss die Wache ihn fangen!

Der Dino ist leicht und stark. Wie hält man ihn auf?

Der Dino hat die Wand eingerissen und Eier umgeworfen.

Im Labor

Dr. Wus neuestes Labor ist im Lockwood-Anwesen. Er ist sorglos wie eh und je – er sieht Dinosaurier als Experimente, keine echten Wesen mit Charakter. Er muss die Lektion auf dem harten Weg lernen. Schon wieder!

Die Wache hat einen Pfeil, der den Dino betäubt.

DAS ENDE?

Dinos in Freiheit

Claire und Owen haben einige Dinosaurier vor Eli Mills und seinen Gehilfen gerettet. Aber jetzt streifen sie frei durch die Welt. Was nun?

ÄH, ICH WEISS NICHT. EIN PAAR SIND FLEISCHFRESSER ...
WIR HABEN GEWONNEN! GLAUBE ICH. ODER?!

BEGRIFFE

Assistentin
Stellvertreterin oder Helferin.

Attraktionen
Dinge wie Fahrgeschäfte, Sehenswürdigkeiten oder Tiere, die Menschen sehen wollen.

DNS (Desoxyribonukleinsäure)
Ein Stoff, den man in jeder Zelle findet. Sie legt fest, wie ein Lebewesen aussieht und sich verhält.

Embryo
Ein Tier oder Mensch, der sich gerade erst entwickelt und noch nicht geboren wurde oder geschlüpft ist.

Identifizieren
An Merkmalen erkennen.

Imponiergehabe
Drohendes oder prahlendes Verhalten, um andere zu beeindrucken.

Inkubator
Eine Maschine, die (Dinosaurier-)Eier warm hält, damit sie schlüpfen können.

Mech
Eine Roboterrüstung, in der normalerweise jemand sitzt.

Mikroskop
Ein Instrument, das winzige Dinge vergrößert, damit das menschliche Auge sie sehen kann.

Paläobotaniker
Jemand, der ausgestorbene Pflanzen erforscht.

Paläontologe
Jemand, der ausgestorbene Lebewesen erforscht.

Paläo-Tierarzt
Ein Experte für ausgestorbene Tiere.

Praktikantin
Schülerin oder Studentin, die kurz bei einer Firma arbeitet, um Erfahrung zu sammeln.

Rotor
Ein Teil einer Maschine, der sich dreht.

Söldner
Jemand, der sich als Soldat anheuern lässt.

Verhaltensforscher
Ein Experte, der erforscht, wie ein Mensch oder Tier handelt und reagiert.

Zellen
Die winzig kleinen Bestandteile, aus denen Lebewesen bestehen.

REGISTER

Haupteinträge sind **fett** gedruckt.

DK | Penguin Random House

Lektorat Ruth Amos, Kayla Dugger, Paula Regan, Julie Ferris, Mark Searle
Gestaltung und Bildredaktion Thelma-Jane Robb, Sam Bartlett, Jo Connor, Lisa Lanzarini
Herstellung Marc Staples, Lloyd Robertson
Dinosaurier-Beratung Dr. Dean Lomax

Für die deutsche Ausgabe:
Programmleitung Monika Schlitzer
Projektbetreuung Christian Noß
Herstellungsleitung Dorothee Whittaker
Herstellungskoordination Franziska Creutzburg, Ksenia Lebedeva
Herstellung Evely Xie

Titel der englischen Originalausgabe:
LEGO Jurassic World The Dino Files

Manufactured by Dorling Kindersley, One Embassy Gardens, 8 Viaduct Gardens, London SW11 7BW, under license from the LEGO Group.

The authorised representative in the EEA is Dorling Kindersley Verlag GmbH, Arnulfstr. 124, 80636 Munich, Germany.

UNIVERSAL

1. Auflage, 2021

Übersetzung Simone Heller

ISBN 978-3-8310-4203-6

Druck und Bindung Leo Paper Products, China

FSC www.fsc.org MIX Papier aus verantwortungsvollen Quellen FSC® C020056

www.dk-verlag.de
www.LEGO.com